L'ADOPTION

OU LA

MAÇONNERIE

DES FEMMES,

En trois Grades.

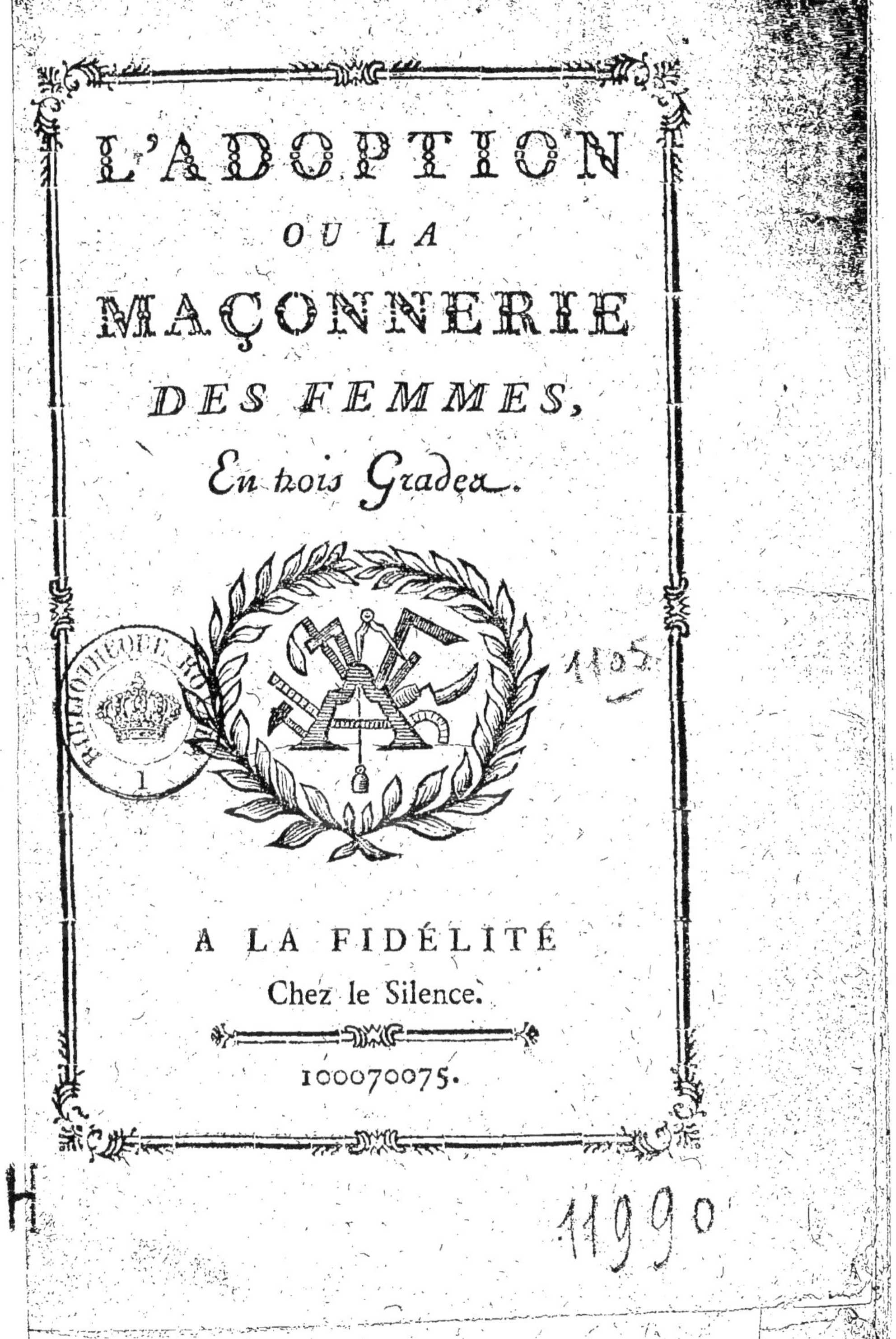

A LA FIDÉLITÉ

Chez le Silence.

100070075.

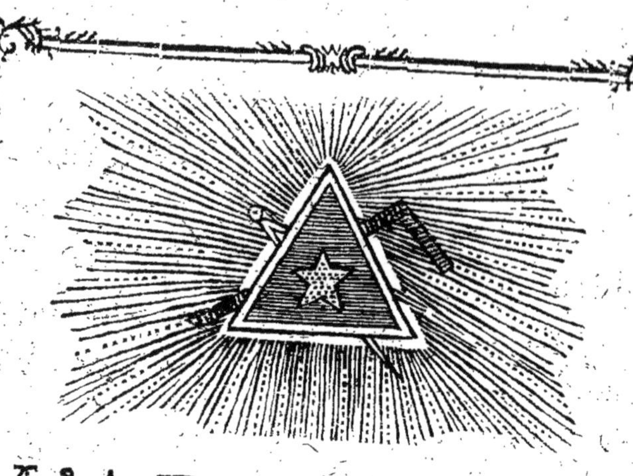

L'ADOPTION
OU LA
MAÇONNERIE
DES FEMMES.

Discours de Réception pour les Aprentiffes.

L'Homme porte en naiffant l'inftinct de la bienfaifance & de la fociété gravé dans fon cœur ; les femences de ces deux qualités éminentes y font jerées par les bon-

[4]

tés paternelles de l'Etre Créateur, & l'homme en pratique les préceptes avant que son esprit ait compris l'utilité & la nécessité d'un engagement qui adoucit les rigueurs de notre condition, & seme des fleurs sur la carriére épineuse de notre vie.

Le premier sentiment de l'homme en sortant des mains de son Créateur, fut, sans-doute, celui de son existence ; aussi long-tems qu'il fût seul, son cœur n'en eut point d'autre ; mais dès qu'il vit cet être charmant, que l'aimable & puissante nature avoit formé pour être sa compagne, les germes de la bienfaisance se développerent, il oublia pour ainsi dire son existence, & abandonna l'amour de soi-même, pour le transporter à celle de qui il attendoit tout son bonheur.

Les fondemens de la société furent donc jetés dans le jardin d'Eden, & c'est dans ce séjour délicieux, l'azile de la vertu, de l'innocence & de la paix, que la bienfaisance

& toutes les autres vertus fociables, furent pratiquées dans toutes leurs puretés par nos premiers parens, auffi longtems que contens l'un & l'autre de leur fort, ils ne penfoient qu'à gouter les doux fruits de leur union, leur bonheur fut fans amertume, & ils jouif-foient au fein de la tranquilité des biens ineffables de la félicité terreftre. Malheureu-fement le mal touche le bien de très-près, Adam & Eve furent les premiers qui recon-nurent, mais trop tard, cette vérité afligean-te, en tranfmettant à leurs poftérités les fruits amers de leur défobéiffance, de leur curiofité & de leur foibleffe. Leurs cœurs, femblables à l'arche de Noé, flotant aux grés des vents fur les eaux de l'abîme, qui cou-vroient la furface de la terre, cédoient avec une égale facilité à toutes les impreffions. La fociété & l'orgueil, foutenues de toutes les autres paffions, vainquirent dès-lors l'o-béiffance & la difcrétion, qui n'avoient d'autre foutien que la foibleffe, & précipitèrent ainfi notre bonheur dans l'abaiffement & la misère.

Cette allégorie de la chute de l'homme, par fa foibleffe & fa curiofité, vous trace, mes très-chères Sœurs, d'une manière bien frappante & énergique, le trifte état de notre dégénération, & nous offre en même tems le moyen de le reparer, autant qu'il peut dépendre de notre foible nature. Ce font ces moyens que vous trouverez raffemblés, dans l'ordre où vous venez d'être admifes, fous les emblêmes, que nous découvrons à vos regards, & dont je vais vous donner l'explication.

Vous voyez d'abord, mes très - chères Sœurs, dans la Loge d'Aprentiffe, outre la repréfentation du Paradis terreftre dont je viens de vous parler, Adam & Eve commettant l'acte fatal de leur défobéiffance aux ordres du Très-haut, par les propos féducteurs & la fourberie du ferpent. Vous voyez,

dis-je, l'Arche de Noé, la Tour de Babel,
& l'Echelle de Jacob, tracées fur ce tableau.
L'Arche de Noé repréfente le cœur de l'homme, jouet éternel des paffions, comme l'Arche l'étoit des eaux du déluge ; & nous apprend que nous devons fi bien fortifier nos
ames par les préceptes de la vertu , qu'au
milieu de cette tourmente nous foyons comme Noé & fa famille , à l'abri du naufrage.
La Tour de Babel eft l'emblême de l'orgueil
des hommes, qui veulent oppofer leurs foibleffes aux décrets éternels de la Providence,
& qui pour fruits de leurs travaux ne rem-
portent que la honte & la confufion, dont on
ne peut fe gárantir, qu'en opofant un cœur
difcret qui forme le caractere du Maçon. A
cet autre côté du tableau , vous voyez l'E-
chelle de Jacob, dont la fignification eft
toute myftérieufe, elle nous apprend que les
moyens de parvenir au vrai bonheur, font
femblable à celle que Jacob vit en fonge,

[8]

& que la vertu repréſentée par les échellons,
doit être apuíée ſur l'amour de Dieu & du
prochain, comme les échellons le ſont aux
montans de l'échelle; toutes ces choſes s'ob-
tiennent par les pratiques de la diſcrétion,
de la force, de la conſtance, & des préceptes de la Maçonnerie.

Ce ſont là, mes très-chères Sœurs,
les myſtères que je dois aujourd'hui vous
dévoiler; dans une autre réception, mon
cœur ſe rapellera ſans-ceſſe, avec la plus
douce émotion, ce jour ſolemnel, dans lequel vous fûtes initiées, par mon foible mi-
niſtère, dans l'ordre très-ſublime & très-reſ-
pectable de la Maçonnerie. Puiſſiez-vous,
mes très-chères Sœurs, couler des jours auſſi
heureux que ceux que nous demandons tous
en votre faveur, au Grand Architecte de l'U-
nivers, & goûter une ſuite de plaiſirs, auſſi
vifs & auſſi purs que ceux que nous reſſenti-
rons toutes les fois que nous vous appellerons
du doux nom de Sœurs.

PREMIER GRADE

d'Aprentiſſe.

Il faut que toutes les femmes qui ſe préſentent ſoient ſaines, ſans groſſeſſe, ni mois & qu'elles ayent un frère qui réponde pour elles.

La Récipiendaire ſera miſe dans un lieu obſcur, où il y aura une lumière & une tête de mort ; il doit s'y trouver une Dame, qui eſt la dernière reçue, qui lui demande, ſi c'eſt ſa volonté, & ſi elle a fait toutes les réflexions, ſur un ordre auſſi reſpectable que celui dans lequel elle va entrer ; elle lui demande enſuite ſi elle eſt en bon état, parce qu'elle va paſſer par de terribles épreuves ; qui n'ont cependant rien de contraire à la bienſéance & à la vertu la plus épurée ; enſuite elle l'engage à avoir beaucoup de fermeté, lui fait ôter la jarretiere gauche & lui

fait mettre en place un ruban bleu d'une au-
ne de long ; elle lui ôte la manchette droite
& le gand droit, lui bande les yeux, & lui demande fi foi de Sœur à venir elle ne voit rien ;
elle lui dit de mettre fa confiance en Dieu,
& enfin la préfente à la porte de la Loge en
frappant cinq coups.

Difpofition de la Loge.

Le Maître eft appellé Vénérable ; il eft
orné d'un cordon bleu, ou noir, au bas duquel pend une truelle ; il doit avoir fon chapeau fur la tête, l'épée nue à la main gauche,
& à la droite une truelle ; il eft placé à l'O-
rient, & il a devant lui une table fur laquelle
font une grande & une petite cuvettes ; dans
la petite eft une pâte liquide qui fert à appliquer le fceau, & dans l'autre une truelle faite
de cette façon , & les autres truelles font
faites à l'ordinaire ; les Frères doivent avoir

l'épée nue à la main pour former la voûte
d'acier ; le Grand-Inspecteur eſt placé à l'Occident ſans chapeau, ainſi que les autres Frères ; pour ce qui eſt des Sœurs, elles reſtent
toujours coëfées. Le Grand-Inſpecteur porte
un cordon bleu, ainſi que le Vénérable, au
bas duquel pend un petit marteau fait de cette
façon 🔨. Les Frères & Sœurs aſſiſtants ſont
aſſis autour de la Loge, décorés chacun
d'un tablier blanc, & ils ont tous une petite truelle pendue au côté à un ruban bleu.

Décoration de la Loge.

Le tapis d'apprentiſſe ſur lequel eſt tracée
la Loge, eſt placé dans le milieu de la piece ;
il contient, *Voyez la planche ci-contre*, l'arche de Noé flottante ſur les eaux, la tour
de Babel & l'échelle de Jacob. Derrière le
Grand-Inſpecteur ſe trouve une table ſur laquelle eſt un ſquelette peint au naturel ſur

une toile noire ; fur cette table eft repréfenté un pommier chargé de fruits, le pied de
l'arbre eft entortillé d'un ferpent, Adam eft
à la droite & Eve à la gauche ; cet arbre
doit être fait en relief ou en carton découpé.
Derrière le Vénérable, un peu au-deffus de
fa tête, eft placée une grande étoile en relief,
dans laquelle font plufieurs lumières ; il doit
y avoir devant cette étoile, une glace en
forme de porte, le tout couvert d'un petit
voile de taffetas couleur de feu ; à côté du
Vénérable font deux tabourets, fur chacun
defquels eft une terrine remplie d'étoupes,
d'efprit-de-vin & de fels auquel on met le
feu ; les terrines font quelquefois placées au
centre de la Loge ; à côté de la table qui eft
derrière le Grand-Infpecteur, font placés
deux Frères terribles, leurs chapeaux enfon-
cés fur la tête, & tenant chacun un flambeau compofé de foufre, de poudre & de
poix réfine.

Réception.

La Surveillante ayant frappé cinq coups
& le Vénérable ayant répondu en frappant
de même, dit, *voyez ma Sœur ce qu'on de-*
mande. La Sœur en ouvrant dit, que deman-
dez-vous ? La Sœur répond, *c'est une Dame*
ou Dlle. qui demande à être reçue Franche-
Maçonne. La Sœur ferme la porte, & se
met en ordre de la main droite sur la gauche,
& toutes deux sur le ventre ainsi que les as-
sistantes, & dit, *c'est une Sœur qui desire être*
reçue Maçonne ; le Vénérable replique , *dé-*
mandez-lui si c'est sa dernière volonté, & si
elle a fait ses réflexions, qui la présente, son
nom , son surnom & ses qualités, & si elle
desire de passer par toutes les épreuves néces-
saires. La Surveillante ayant fait tout ce qu'a
dit le Vénérable , revient avec la Sœur introductrice , & le Vénérable demande à celui
qui la présente à la Loge *s'il l'a connoît,* &

si elle a les *dispositions requises pour entrer dans un Ordre aussi respectable*, & s'il en répond ; sur quoi ayant fait ses assurances, le Vénérable demande aux Frères & Sœurs si personne ne s'y oppose ; alors pour marquer l'acceptation, tous les assistants levent les mains sur la Loge tracée, & étant tous à l'ordre, le Vénérable dit à la Sœur introductrice de faire entrer la Récipiendaire & de la lui remettre entre les mains ; alors la Sœur va se placer auprès du Vénérable pour faire à la Récipiendaire, un petit discours sur l'Ordre dans lequel elle va être admise, & l'Inspecteur la place au bas de la Loge pour la faire passer par les épreuves.

Le Vénérable adresse la parole à la Récipiendaire, lui dit, *est-ce votre volonté d'être reçue Franche-Maçonne ?* Elle répond, oui *Vénérable.* Le Vénérable lui demande ensuite, *ne vous est-il jamais arrivé de croire & d'avoir des idées contraires à notre Ordre ?* Elle répond, *non Vénérable*. Le Vénérable dit à l'Inspecteur de la laisser un moment dans les réflexions & ensuite de la faire passer sous la voûte d'acier, & de la faire voyager du nord à l'occident, & deux fois autour des terrines allumées sur lesquelles il lui fait mettre les mains ; alors il dit : *elle a voyagé*, & la tourne du côté du squelette ; le Vénérable lui dit, *faites-lui voir l'horreur de son état, l'origine du péché, ce qu'elle a été, ce qu'elle est, & ce qu'elle deviendra* ; ensuite on lui ôte son bandeau, & à l'instant les deux Frères terribles forment autour d'elle une espèce de haye avec leurs flambeaux. Le Vénérable dit, *laissez-lui faire de sérieuses réflexions sur son état présent, ensuite vous la ferez passer de la mort à la vie, en me l'amenant vers l'étoile de l'orient par cinq pas* ; Ensuite les deux Frères la tournent promtement vers l'orient, où elle voit l'étoile qui étoit cachée sous la toile ; l'Inspecteur la con-

duit au Vénérable & la fait mettre à genoux.
Le Vénérable lui dit de faire attention à ce
qu'il va lui dire : *Madame , vous allez être
admife dans un Ordre très - refpectable , il
ne s'y paffe rien contre la Religion , l'état &
la vertu ; la fermeté que vous avez fait pa-
roître dans les épreuves que l'on vous a fait
faire , la probité & la vertu de celui qui vous
préfente nous font des sûrs garans de votre façon de penfer ; achevez ce grand ouvrage , en
répétant l'obligation formidable qui doit vous
unir à nous.* Enfuite il lui fait prêter l'obligation fuivante.

Obligation.

Sur la connoiffance que j'ai du grand foleil de lumière , qui a tiré du cahos les quatre élémens pour en former la fublime ar-
chitecture de l'univers ; je promets de tenir,
garder & cacher fous le cadenat du filence ,
le

le secret, de la Maçonnerie & de ne le point
révéler qu'à un Frère ou à une Sœur, que
j'aurai reconnu pour tel ou telle ; après l'e-
xamen le plus exact, je consens que si je
manque à ma parole, d'être exposée à la
honte de l'infamie que tous maçons réserve
aux parjures ; je promets de plus d'écouter,
obéir, travailler & me taire ; le tout sous
peine d'être frappée du glaive de l'Ange ex-
terminateur & que les entrailles de la terre
s'entrouvrent sous moi pour y être engloutie ;
je désire, pour m'en garantir, qu'une portion
du feu qui réside dans les plus hautes régions
de l'air éclaire mon cœur, le purifie & le
conduise dans le sentier de la vertu. Ainsi soit-
il. Je promets de plus & m'engage de coucher
cette nuit avec . . . . (*Ici le Vénérable
s'arrête un instant*) la jarretière de l'Ordre,
qu'il lui remet ; sur cette jarretière, qui est
de peau blanche sont écrit VERTU & SILEN-
CE. Ensuite le Vénérable lui donne le mot &

B

le figne d'Apprentiffe ; le mot d'Apprentiffe eft *Feix*, *Feax*. Le figne fe fait en portant les deux derniers doigts de la main droite à la main gauche ; la réponfe eft de couler & defcendre l'échelle avec les deux mains, après cela le Vénérable embraffe la Récipiendaire, & lui dit, *je change le nom de Madame, ou de Mlle. en celui de Sœur*, & pour en donner le premier les preuves, il lui fait préfent de la jarretière fufdite ; alors la Sœur introductrice lui ôte le ruban bleu, & lui fait mettre la jarretière à la place. L'infpecteur lui donne un tablier du refpectable Ordre, & en le lui mettant il lui dit : *ce tablié vous repréfente, & doit vous faire fouvenir de la candeur que doit avoir une Maçonne* ; il lui fait donner enfuite le baifer d'affociation, en lui faifant repéter le figne & le mot, & on la place du côté du Nord.

Instructions des Apprentisses.

D. Quelle doit être l'attention d'une Maçonne ?

R. C'est de s'assurer si la Loge est couverte.

D. Etes-vous Apprentisse ?

R Je le crois.

D. Pourquoi ne dites-vous pas que vous en êtes sûre ?

R. Parce qu'une Apprentisse n'est sûre de rien.

D. Comment avez - vous été introduite en Loge ?

R. Les yeux bandés.

D. Pourquoi ?

R. Pour m'apprendre , qu'avant de parvenir aux sublimes mystères il faut vaincre la curiosité , & me faire connoître combien aveuglément les profanes parlent de nos mystères.

D. *Comment êtes-vous parvenue à la Maçonnerie.*

R. Par une voûte de fer & d'acier.

D. *Que repréſente cette voûte ?*

R. La force & la ſtabilité de l'Ordre.

D. *Où avez-vous été reçue ?*

R. Entre la tour de Babel & l'échelle de Jacob & au pied de l'arche de Noé.

D. *Que repréſente la tour de Babel ?*

R. L'Orgueil des enfans de la terre, dont on ne peut ſe garantir, qu'en oppoſant un cœur diſcret, qui eſt le caractere d'une vraie Maçonne.

D. *Que repréſente l'échelle de Jacob ?*

R. Cette échelle eſt toute myſtérieuſe, les deux montans repréſentent l'amour de Dieu & du prochain, & les échellons les vertus qui dérivent d'une belle ame.

D. *Que repréſente l'arche de Noé ?*

R. Le cœur de l'homme agité par les paſſions, comme l'arche l'étoit par les eaux du Déluge.

D. *Quelle qualité devons-nous apporter en Loge ?*

R. L'horreur du vice & l'amour de la vertu.

D. *Comment nommez-vous celles qui ne font pas vraies Maçonnes ?*

R. Des profanes.

D. *Ceux qui fans être Maçonnes & qui font dignes de l'être, comment les nommez-vous ?*

R. Tous les hommes vertueux font nos amis, mais nous ne reconnoiffons que les Maçons pour Frères.

D. *A quoi devons-nous nous appliquer ?*

R. A épurer nos mœurs.

D. *Comment me prouverez-vous que vous êtes Apprentiffe ?*

R. Par mes fignes & mots.

D. *Donnez-moi le figne d'Apprentiffe ?*

R. On le donne.

D. *Donnez-moi le mot ?*

R. On le dit.

D. *Que signifie le mot d'Apprentisse ?*

R. Ecole ou académie de vertu.

D. *Quelle est cette école ?*

R. La Maçonnerie.

D. *Quel est le devoir des Maçons & Maçonnes ?*

R. D'écouter , d'obéir , travailler & se taire.

D. *Qu'écoutez - vous ?*

R. L'explication des Myſtères.

D. *De quelle eſpéce eſt votre obéiſſance ?*

R. Libre & volontaire.

D. *A quoi travaillez-vous ?*

R. A me rendre utile & agréable à mes Fréres & Sœurs.

D. *Sur quoi vous taiſez-vous ?*

R. Sur les myſtères de la Maçonnerie

Manière de fermer la Loge.

Le Vénérable dit : *Mes Frères & Sœurs,
nous avons écouté, obéi, travaillé, & nous
nous sommes tûs. La Loge est fermée. Fai-
sons chacun notre devoir.* Le grand Inspecteur & la grande Surveillante repetent la même chose, chacun de leur côté.

DISCOURS

Pour la Réception des Compagnonnes.

Ans la Loge de Compagnonnes, vous voyez le jardin d'Eden vuide & défert, dans lequel il ne refte que le fouvenir de fes anciens habitans & de leurs foibleffes, défignés par le nom de celle dont la curiofité invincible ne put réfifter à la douceur de la féduction, & qui fut la caufe premiere de la perte de la race humaine. L'arbre chargés d'un beau fruit, nous montre qu'il n'y a point de côté avantageux fous lequel le vice fe préfente, & le fleuve qui coule avec impétuofité au pied de l'arbre, eft un emblême de la rapidité des paffions, auxquelles il faut oppofer un frein, & qui ont été les principales caufes de notre perte. Ce-

pendant, mes très - chères Sœurs, quoique
ces caufes foient d'une très - grande force,
ne perdez pas entiérement courage. Le Paradis terreftre eft repréfenté dans cette refpectable Loge ; vous avez mangés la pomme, mais heureufement vous n'avez point
avalés le pepin, qui repréfente le germe &
les femences du vice.

Travaillez, avec zéle & conftance, à vous
fortifier dans la pratique de la Maçonnerie,
& vous parviendrez alors fans faute à jouir
des délices du Paradis terreftre.

Encore un peu de perfévérance, mes très-
chères Sœurs, & tous les myftères de la Maçonnerie vous feront dévoilés ; nous vous ex-
pliquerons cependant une partie des emblêmes qui font tracés fur ce tableau.

L'Arc-en-ciel repréfente l'alliance que Dieu
fit avec Noé & fa famille, fignifie l'union &
la fraternité. L'Arche de Noé repréfente le
cœur de l'homme agité par les paffions,

comme l'Arche l'étoit par les eaux du Déluge. Le sacrifice d'Abraham, représente l'o-
béissance que doivent avoir toutes les Maçonnes. La Tour de Babel représente la paix &
la concorde rétablie parmi les hommes, &
principalement parmi les Fréres & Sœurs,
par le renversement de la tour de confusion.
L'embrasement de Sodome représente la vengeance céleste düe aux parjures. Le sommeil
de Jacob, signifie la paix & la tranquillité
que tous les Fréres & Sœurs doivent conser-
ver entr'eux & particuliérement en Loge.
Et la femme de Lott nous démontre que
notre curiosité ne doit point nous porter à
pénétrer les choses qui nous sont cachées.

Adam.
Eve.

SECOND GRADE

Réception des Compagnonnes.

La Loge repréfente (*voyez la planche ci-contre*) le Jardin d'Eden, où Adam & Eve furent placés, & d'où ils furent chaffés après leur défobéiffance ; au bas de la Loge eft un fleuve, au-delà duquel eft l'arbre de vie, ou de la fcience du bien & du mal ; à chaque côté de l'arbre eft écrit *Adam & Eve*, qui eft le nom du premier homme & de la premiere femme ; il y a cinq lumiéres dans cette Loge, trois au midi & deux au nord.

La Surveillante tient la Récipiendaire à la premiere chambre, appellée chambre obfcure ; elle lui ôte la boucle de l'oreille gauche, en lui difant, *que toutes Maçonnes doit méprifer les vains ornemens du monde* ; elle lui bande les yeux, ainfi que la premiere fois ; elle l'introduit à la porte de la Loge, où elle frape cinq coups, difant : *C'eſt une Apprentiſſe qui déſire être reçue Compagnonne.* Le grand Inſpecteur repéte les mêmes paroles, & enſuite elle eſt admiſe. On lui fait faire cinq fois le tour d'une table, qui eſt devant le Vénérable, ſur laquelle eſt placé un pommier dans une caiſſe ; à côté de laquelle eſt un plat, dans lequel il y a des pommes, & de l'autre côté eſt une taſſe dans laquelle il y a de la pâte liquide. Après les cinq tours, on ramene la Récipiendaire au bas de la Loge ; l'Inſpecteur lui met aux deux mains une chaine & la lui paſſe par deſſus le col. Le Vénérable dit alors, *Faites-lui voir l'image de la ſéduction, & me l'amenez vers l'autel de la diſcrétion.* L'Inſpecteur l'y conduit par cinq pas, & la fait mettre à genoux, les deux mains ſur l'arbre, en diſant & lui faiſant répéter l'obligation ſuivante.

Obligation.

Je promet de garder le secret des Compagnonnes envers les Apprentisses, sous la même condition & obligation que j'ai contractée de garder celui des Apprentisses envers les profanes.

L'obligation prêtée comme ci-dessus, il lui présente une pomme, & la fait mordre dedans, en lui disant, de ne point avaler ni mordre le pepin, parce qu'il est le germe & la source du péché ; & lorsqu'elle en a mangé, il lui applique le sceau de la Maçonnerie, en lui mettant de la pâte sur la bouche, & il y marque cinq petits coups avec la truelle, & lui dit : *Je vous applique le sceau de la Maçonnerie, qui doit vous faire souvenir que votre bouche ne doit jamais s'ouvrir pour divulguer nos mysteres.* Ensuite il lui met la Truelle, essuye sa bouche, lui donne le signe, le mot & l'embrasse en lui donnant le

[30]

baiſer qui eſt appellé le baiſer de paix ; après quoi le grand Inſpecteur lui fait donner le mot & le ſigne, à tous les Frères & Sœurs en les embraſſant, & on la met à ſa place ; enſuite on fait le catéchiſme.

Le ſigne eſt de porter la main droite à l'oreille gauche, & la réponſe eſt de porter les deux grands doigts ſur la bouche. Le mot eſt *Belba*, qui ſignifie Bäbel.

Inſtructions des Compagnonnes.

D. *Etes vous Compagnonne ?*

R. Donnez - moi une pomme & vous en jugerez.

D. *Comment aveӡ-vous été reçue Maçonne ?*

R. Par un fruit & un ligament.

D. *Que ſignifie ce fruit ?*

R. La douceur.

D. *Que ſignifie le ligament ?*

R. L'union & la fraternité.

D. *Qu'avez-vous vû lorsque vous êtes entrée en Loge ?*

R. Le sceau de la Maçonnerie qu'on m'a appliqué.

D. *Pourquoi ?*

R. Pour m'apprendre que jamais ma bouche ne doit s'ouvrir pour divulguer nos mystères.

D. *Que vîtes-vous de plus ?*

R. L'étoile de l'Orient.

D. *Que représente cette étoile ?*

R. La figure de celle qui a conduit les Sages de la Grèce, & qu'en la suivant elle me conduira dans le sentier de la vertu.

D. *Qu'a-t-on fait de vous après cela ?*

R. On m'a conduite au Vénérable par cinq pas en partant du pied droit.

D. *Qu'a fait de vous le Vénérable ?*

R. Il m'a fait prêter mon obligation & m'a mis une chaîne sur le col & aux mains.

D. *Que faisiez-vous sous le poids de cette chaîne ?*

R. Je renouvellois mes engagemens.

D. *Sont-ce là toutes vos promeſſes ?*

R. Non : l'on a exigé de moi de coucher la premiere nuit de ma réception avec la jarretiere de l'Ordre.

D. *Pourquoi a-t-on exigé cela de vous ?*

R. Pour m'apprendre que la vertu & le ſilence que repréſente cette jarretiere ne doit jamais nous abandonner, en tel tems, ou lieu que nous ſoyons.

D. *Pourquoi la Compagnonne ne mange-t-elle pas le pepin de la pomme, & qu'elle ne le touche pas même ?*

R. C'eſt que le pepin eſt le germe & la racine du fruit défendu.

D. *Où aveȥ-vous été reçue Maçonne ?*

R. Dans un jardin délicieux, arroſé d'un fleuve.

D. *Comment nommeȥ-vous ce jardin ?*

R. Le jardin d'Eden, ou le paradis Ter-reſtre, que Dieu donna à Adam & Eve.

D.

D. Que vîtes-vous dans ce jardin ?

R. L'arbre de science, de bien & de mal.

D. Que signifie cet arbre ?

R. La perte de notre première innocence.

D. Que représente le fleuve ?

R. La rapidité des passions dont on ne peut se garantir, qu'en exposant les vertus d'une vraie Maçonne.

D. Que signifie la mort, & les mots *Adam* & *Eve* ?

R. Cela nous rappelle notre origine, qui est, ce que nous avons été, ce que nous sommes & ce que nous deviendrons.

D. Quel est le signe de Compagnonne ?

R. On le donne.

D. Quel est le mot ?

R. On le dit.

D. Que signifie le mot ?

R. La paix, la concorde par son renversement.

D. Quel est le principal but des Maçons & Maçonnes ?

C

R. De se rendre heureux les uns & les autres.

D. *Comment parvient-on à cette félicité ?*

R. Par l'union & la pratique des vertus.

D. *A quoi sont obligés les Maçons & Ma-çonnes ?*

R. A éclairer leurs Frères & Sœurs de leurs lumières, les édifier & les assister dans leurs besoins.

DISCOURS

De Réception pour le Grade de Maîtreſſe.

LES diverſes paſſions, comme la vaine gloire, l'ambition impérieuſe, & l'amour propre de ſoi-même, ayant par ſucceſſion d'âge, trouvés moyen de s'introduire dans le cœur de l'homme, pour y occuper une place, qui n'étoit deſtinée qu'à être la dépoſitaire des vertus, des ſciences & des perfections dont l'Etre ſuprême l'avoit douée : ces mêmes paſſions ont auſſi produit dans diverſes nations une ignorance profonde ſur la vérité des principes qui démontrent ſi clairement la redevance de leur être & la gratitude qu'elles doivent en avoir à celui qui en eſt le premier moteur ; c'eſt auſſi ce mê-

me aveuglement qui a conduit des milliers
d'hommes à ne pas croire que la femme a
été formée pour être leur compagne fidelle,
le partage de la félicité, l'agrément de leurs
actions , & un des plus beaux ornements
qui soit admis dans la classe des perfections
de la nature.

Les infensés qui ont abandonné l'amitié
qu'ils devoient par le droit de naissance à
la femme, pour consacrer leurs jours &
leurs œuvres à des divinités chimériques, ou
plutôt des passions outrées, qui ne devoient
leur création qu'à leur imagination égarée ;
malgré leur profond savoir , ils n'apperce-
voient pas sans-doute que leur propre bonheur ne les fuyoit qu'autant qu'ils s'éloi-
gnoient du point qui rappelle tous les hommes au centre ; c'est-à-dire, du tableau que
nous trouvons dans la vraie nature , qui
seul peut mieux nous instruire que toutes
les recherches & inventions humaines ; les

uns ne ce font occupés que de conquêtes, lauriers, victoires & grandeurs, pour repaître une foif ardente qui ne conduit qu'au précipice de l'ambition. Les autres, d'une févere philofophie, qui n'avoit fon mérite, fes agrémens & fes appas, que quand ils fe banniffoient de la fociété humaine, pour médire à leur aife dans une caverne ou fur un rocher du refte des créatures ; leur efprit ne fe diftinguoit & n'étoit connu que par le nombre d'égaremens qu'ils commettoient contre la raifon.

Ce n'eft pas dans l'éloignement qu'il faut donner des leçons fenfibles aux hommes, mais en les fréquentant & en leur donnant de bons exemples.

Quoique cet aveuglement ait été affez général, il s'eft confervé fur la terre, une partie de fes Citoyens diftingués, connus fous le nom de Maçons, amis parfaits, compatriotes fidelles, & gardiens du temple de la vertu & de la vérité, lesquels par une sage discrétion dans la pratique de leurs œuvres, ont seuls conservés la déférence & l'amitié, qui est due à la parfaite compagne de l'homme.

Si plusieurs siècles ce sont écoulés sans qu'on ait connu la raison qui engageoit les Maçons à ne point admettre leurs épouses dans leurs loges, la faute n'est point reversible sur eux ; la cause n'en peut être attribuée qu'à l'ignorance des tems, qui n'ont pas développé en un seul jour aux hommes toutes les beautés & toute l'étendue des secrets que le grand Architecte de l'univers a renfermés dans la nature ; si l'admission de leurs personnes n'étoit pas dans leur travail, ils ne manquoient cependant pas de leur payer un tribut qu'ils désignoient dans la réception d'un jeune Frère par une paire de gands qu'ils lui donnoient & qu'il consacroit à celle qu'il avoit légitimement adoptée

& maçonnée , felon les loix , ou celle qu'il chériffoit le mieux.

Preuve convaincante que l'oubli ni le mépris ne guidoit pas l'efprit des Maçons pour le fexe féminin ; au contraire , un hommage pur, conftant & fincere s'exprimoit formellement par la candeur & l'eftime qui étoit conçuë & renfermée fous myftère dans cette paire de gands qu'on deftinoit pour fon ufage ; ce fymbole n'étoit pas le feul prix de l'hommage que les Maçons rendoient dans leurs loges à leur parfaite moitié ; une fanté confacrée qu'on portoit en fa faveur dans les libations & repas, annonçoit encore l'épanchement d'un cœur dont la tendreffe pour la perfonne chérie & aimée en guidoit le mouvement ; des marques auffi fenfibles, juftifie la droiture de leurs actions , & révoque le foupçon qu'injuftement on leur avoit appliqué.

Il n'étoit réfervé qu'aux jours heureux qui nous éclairent, de découvrir la poffibilité de réunir les deux sexes dans nos Loges. La lumière s'est enfin introduite dans les espaces qu'occupoient les ténèbres ; nos profondes études dans l'art de la Maçonnerie nous ont aidés à trouver le vrai moyen de perfectionner nos édifices ; c'est par le secours de nos Sœurs qui ont apporté avec elles un cœur qui renferme les cinq colonnes de notre Ordre ; *Vertu, Silence, Charité, Fidélité, & Tempérance*, que nos sérieuses applications cherchoient avec soin & qu'elles ne trouvoient pas, pour soutenir & servir de base à ce temple célèbre, *l'Ecole des mœurs, le temple des vertus* que nous bâtissons.

Reconnoissons en cela, mes Frères & Sœurs, la perfection de l'intelligence qui guide toutes choses, d'avoir choisi l'objet de nos desirs, le cœur de nos Maçonnes, pour renfermer nos recherches.

La nature, sans être ingrate, se plaisoit à nous voir languir sous le poids accablant de la maſſe de nos bâtimens, qui n'attendoient que leurs cinq points d'appui ; & nos intelligences foiblement éclairées l'accuſoient de nous refuſer le ſecours que nous avions beſoin ; il falloit nous accuſer nous-mêmes de notre ſévérité ; c'eſt par la réforme de ſes propres vices qu'on diminue le nombre de ſes ennemis ; il falloit adopter dans nos Loges le ſexe que nous en banniſſions ſi injuſtement, malheureuſe ignorance ! ce n'étoit pas par l'éloignement éternel de leurs perſonnes que nous pouvions réuſſir à trouver ce cœur tant recherché parmi nous, & ſi rempli de myſtères.

Heureuſe Adoption qui nous l'a procuré & découvert ! Les jours ne ſeront plus comptés que par des moments de douceurs & d'agréments ; heureux ſont les Maçons ! puiſqu'ils peuvent en goûter les délices, & que déſormais ils apprendront à lire les loix & les regles de la maçonnerie dans le cœur de leurs Maçonnes.

TROISIEME GRADE

Réception des Maîtresses.

La loge est éclairée par treize lumières, dont sept sont placées au Midi & six au Nord. On présente la Récipiendaire comme les deux autres fois, en observant toujours de lui faire mettre un grand mouchoir sur la gorge, qui est le symbole de la modestie, après quoi elle est admise comme à l'ordinaire. Le Vénérable dit : *faites lui voir ce que doit renfermer l'ouvrage d'une Maçonne.* L'Inspecteur lui débande les yeux & la mene proche d'une table, sur laquelle est placée une boëte qui renferme un cœur, dans lequel sont écrit ces mots, *Vertu*, *Silence*. Le Vénérable lui ayant ensuite demandé si elle persistoit à vouloir toujours garder le silence ; & ayant répondu qu'oui, le Vénérable dit à l'Inspecteur de la faire travailler. L'Inspecteur lui remet un ciseau & un petit marteau & lui fait frapper cinq coups fur la boëte ; elle l'ouvre, elle voit le cœur & ce qu'il renferme Le Vénérable lui demande alors ce qu'à produit l'ouvrage ; elle répond, *un cœur qui renferme la vertu & le filence.* La Surveillante lui fait alors un difcours, après lequel le Vénérable lui fait prêter l'obligation fuivante :

Je promets & je jure de garder les fecrets des Maîtreffes envers les Compagnones, Apprentiffes & les Profanes; & je m'oblige de plus à foulager mes Frères & Sœurs toutes les fois que j'en ferai requife & qu'il fera en mon pouvoir de le faire.

Le Vénérable lui donne enfuite le figne & le mot l'Infpecteur le lui fait repéter à tous les affiftans, auxquels elle donne auffi le baifer, après quoi elle prend fa place.

Le figne fe fait en portant le grand doigt de la main droite fur l'œil gauche, la réponfe, eft de porter le grand doigt de la main gauche fur l'œil droit, le mot eft *Air.*

Catéchifme.

D. *Etes-vous Maîtreſſe ?*

R. J'ai monté l'échelle de Jacob.

D. *Que repréſentent les deux montans ?*

R. L'amour de Dieu & du prochain.

D. *Que repréſentent les cinq échellons ?*

R. Sageſſe, prudence, candeur, charité & vertu, qui ſont les baſes de la Maçonnerie.

D. *Après avoir monté l'échelle de Jacob, qu'aveʒ - vous fait ?*

R. J'ai prêté mon obligation, après quoi le Vénérable m'a fait conduire au travail.

D. *Qu'a produit votre travail ?*

R. Un cœur droit & ſage.

D. *Quelle récompenſe en aveʒ-vous reçue ?*

R. La truelle de l'Ordre.

D. *A quoi ſert - elle ?*

R. A fouiller dans notre ame & à en ôter tout penchant déréglé.

D. Donnez - moi le signe, le contre-signe & le mot ?

R. On le donne.

D. Que signifie ce mot ?

R. L'éclatante lumière m'a décilé les yeux.

D. Où avez-vous été reçue Maîtresse ?

R. Au pied de l'Arche de Noé.

D. Que représente le tableau de la Loge ?

R. L'arc-en-ciel, l'arche de Noé, le sacrifice d'Abraham, la tour de Babel, l'embrasement de Sodôme, le sommeil de Jacob, la femme de Loth changée en statue de sel, le soleil, la lune, les onze étoiles & les quatre parties du monde.

D. Que représente l'arc-en-ciel ?

R. L'alliance de Dieu avec Noé & sa famille, représentée par les cinq couleurs primitives dont l'arc-en-ciel est composé.

D. Que représente l'arche de Noé ?

R. Le cœur de l'homme agité par les

[46]

paſſions, comme l'arche l'étoit par les eaux du déluge.

D. *Que repréſente le ſacrifice d'Abraham ?*

R. Notre obéiſſance & réſignation à la volonté de Dieu.

D. *Que repréſente la tour de Babel ?*

R. L'orgueil & la foibleſſe des hommes.

D. *Qu'oppoſez-vous à cet orgueil ?*

R. Le caractere d'une vraie Maçonne.

D. *Quel fut l'inventeur de cette tour ?*

R. Le cruel Nimrod, qui vouloit s'égaler à Dieu.

D. *Quel fut la baſe de cette tour ?*

R. La folie & l'orgueil.

D. *Quelles en furent les pierres ?*

R. Les paſſions déreglées.

D. *Quel en fut le ciment ?*

R. La diſcorde.

D. *A quel degré d'hauteur parvînt-elle ?*

R. Juſqu'à ce que Dieu confondit le langage des ouvriers.

D. *Que devint-elle ?*

R. Le repaire des bêtes féroces & des vils infectes.

D. *Que nous apprend cet événement ?*

R. Que fans la Religion l'homme n'eft que foibleffe & néant, & que fans l'union & l'intelligence des ames l'harmonie de la fociété ne fauroit fubfifter.

D. *Que repréfente l'embrafement de Sodôme ?*

R. La vengeance célefte dûe au crime.

D. *Que repréfente le fommeil de Jacob ?*

R. La paix & la tranquillité qui doit régner en Loges.

D. *Que repréfente la femme de Loth changée en ftatue de fel ?*

R. Que notre curiofité ne doit point chercher à pénétrer les myftères qui nous font cachés.

D. *Que repréfente le foleil & la lune ?*

R. Le père & la mère de Jofeph qui rendirent juftice à ce bon Maçon.

D. *Que repréſentent les onze étoiles ?*

R. Les onze frères de Joſeph, qui le jet-tèrent dans une citerne, & qui par ſa dou-ceur & ſa clémence envers eux apprends aux Maçons qu'ils doivent rendre le bien pour le mal.

D. *Que repréſentent les quatre parties du mon-de exprimées par ces quatre lettres, E. O. N. S.?*

R. Que nous devons toujours être prêts à ſecourir nos Frères & nos Sœurs, quelqu'é-loignés qu'ils ſoient de nous.

D. *Qui fut le fondateur de l'arche ?*

R. Noé, qui l'a conſtruit par ordre de Dieu, pour ſe préſerver lui & ſa famille du déluge univerſel.

D. *Combien de tems fut-il à la conſtruire ?*

R. Cent ans, qui eſt le tems que doit du-rer une Loge bien compoſée.

D. *De quel bois étoit-elle ?*

R. De cedre, qui par ſon incorruptibilité nous apprends à ne nous point laiſſer cor-rompre.

D.

D *Combien avoit-elle d'étages ?*

R. Quatre. Dans le premier étoient les animaux immondes ; ce qui nous apprend que nous devons fouler aux pieds toutes les actions impures. Dans le second, les animaux domestiques. Dans le troisième Noé & sa famille ; ce qui nous apprends que les vertus de la Maçonnerie font autant d'arches qui nous sauvent si nous les pratiquons comme lui. Dans la quatrième les oiseaux, qui par la mélodie de leur chant, nous apprennent que nous devons élever nos pensées vers notre souverain Maître.

D. *Comment étoit-elle éclairée ?*

R. Par une seule fenêtre ménagée dans le comble.

D. *Quel étoit sa longueur ?*

R. De trois cent coudées.

D. *Sa largeur ?*

R. Cinquante.

D. *Sa hauteur ?*

R. Trente.

D

D. *Quelle forme avoit le plancher ?*

R. Egal & bien applani, ce qui nous apprends que nous devons être toujours de la même humeur.

D. *De quoi étoit-elle enduite ?*

R. De bitume en dehors, pour réfifter à la fureur des eaux, & de ciment en dedans, figne précieux de l'amitié & de l'union qui regne entre les Frères & Sœurs.

D. *Où fe repofa l'arche après le déluge ?*

R. Sur le mont Ararat.

D. *Quel animal Noé fit-il fortir le premier de l'arche ?*

R. Le corbeau, qui ne revint plus. Figures des Frères & Sœurs, qui femblable à cet animal, quittent les plaifirs purs de la Maçonnerie pour fe plonger dans les fales voluptés du fiècle.

D. *Quel fut le fecond ?*

R. La colombe, qui revint, portant une petite branche d'olivier, pour montrer que

les eaux s'étoient retirées. Ce qui nous repréfente les vrais Maçons & Maçonnes affi-
dus à fe trouver en Loge, à écouter les inf-
truĉtions qu'on y donne, & en profiter.

D. *Que fignifie le gand & le tablier ?*

R. La blancheur & la pureté des mœurs
des vrais Maçons.

On ouvre & on ferme la loge de Compagnonne & de Maîtreffe comme celle d'Apprentiffe, par les mêmes demandes. Dans
celle-ci le Vénérable ajoute :

Mes Frères & Sœurs, que la paix & la
concorde foient durables parmi nous ; nous
avons écoutés, obéis, travaillés, taifons-nous.
La Loge de Maîtreffes eft fermée.

F I N.

D 2

RECUEIL
DE CHANSONS.

CHANSON sur l'air : *C'est un enfant.*

DANS ces lieux tout est agréable,
Et le plaisir vient s'y fixer ;
Près de l'objet le plus aimable
On peut librement s'exprimer.
Ici d'ordinaire,
Notre cœur sincere,
Fait un don flatteur à la beauté,
C'est l'amitié, c'est l'amitié.

L'amour, ce fier tyran de l'ame,
Ici n'exercera point ses droits ;

[53]

Envain il fait briller fa flamme,
Il ne peut foumettre à fes loix.
Ici d'ordinaire, &c. &c.

Quand par une infidelle amante,
Un amant voit trahir fes feux ;
Dans le chagrin qui le tourmente
Il eft fans - doute malheureux.
Un ami fidele,
Bientôt le rappelle ;
Son difcours eft toujours écouté,
Par l'amitié, par l'amitié.

Troupe orgueilleufe & menfongere,
Oh ! vous fophiftes malheureux !
Qui traités de vaines chimères,
Un plaifir qui nous vient des Dieux.
Quel maux vous prépare,
Votre humeur bizarre.

D'3

Mais chez nous le cœur eſt animé,
Par l'amitié, par l'amitié.

Ici quand nous ſommes enſemble,
Il n'eſt point de plus doux plaiſir,
C'eſt l'amitié qui nous raſſemble,
Elle brûle dans nos deſirs.
Aimons - là ſans - ceſſe,
Et que l'allégreſſe,
Offre un don flatteur & mérité,
A l'amitié, à l'amitié.

CHANSON

Sur l'air : *Vous qui du vulgaire ſtupide.*

DE pied en cap Minerve armée,
Voulut autrefois de ces lieux,
Défendre l'approche & l'entrée,
A tout indiſcret curieux.

[55]

Pendant qu'elle eſt en ſentinelle,
L'amour qui lui garde une dent,
Envoye à petits bruits vers elle,
Morphée en pavots abondants.

La Déeſſe qui n'eſt pas tendre,
Prit au colet le ſombre Dieu ;
Qui t'envoye ici me ſurprendre ?
C'eſt Cupidon, votre neveu ;
Mon neveu ! c'eſt un méchant drille.
Voyez un peu la trahiſon ;
Mais chut : il faut que je l'étrille.
En enfant de bonne maiſon.

Soudain, méditant ſa vengeance,
Elle s'aſſied dans un fauteuil ;
S'étend, s'endord en apparence,
Et fait ſemblant de fermer l'œil.
Pour donner plus de confiance,

D 4

Elle a pofé fon cafque à bas,
Tenant négligemment fa lance,
Et fon Egide entre fes bras.

L'Amour, Bachus, Dieux fantafques,
Viennent, commencent par piller,
Le Dieu des vignes prend le cafque,
Et fur fon chef le fait briller,
L'enfant ailé d'une main sûre,
Touche auffi déjà fon butin,
Il s'applaudit de l'avanture,
Et ris tout bas, d'un air malin.

Mais voici bien une autre fête,
Pallas fe réveille en furfaut,
L'amour veut fuir, elle l'arrête ;
Le pauvre diable refte fot.
En vain, il crie, il hurle, il beugle,
C'eft peu de payer de fa peau,

Il n'étoit pas encore aveugle,
On lui mit alors un bandeau.

Tu voulois me voir endormie,
Tes yeux ne verront plus le jour ;
Le caprice avec la folie ;
En tout lieux conduiront l'amour ;
Mais repris la Déeffe émue,
La main d'un Franc-Maçon pourra
Oter ce bandeau de ta vue,
Que fur ta bouche il pofera.

Et vous, Monfieur le bon apôtre,
Mais Bachus lui parut charmant ,
Le cafque le rendoit tout autre ,
Ah ! lui dit-elle en l'embraffant,
Pareil bonnet t'eft néceffaire,
Pour couvrir la tête à l'évent
Je t'avouerai toujours pour Frère,
Quand tu te montreras prudent.

CHANSON

Sur l'air : *Vous qui du vulgaire stupide.*

Qu'au loin le noir chagrin décampe,
A l'allégresse, ouvrons nos cœurs,
Que chacun remplisse sa lampe,
Pour fêter nos aimables Sœurs.
Brillés lampes, brillés pour elles,
Et qu'à l'ardeur d'un feu si beau,
Le petit Dieu brûle ses ailes,
Et qu'il allume son flambeau.

Ailleurs s'il cause des allarmes
Il n'a pour nous que des douceurs,
Nous ne craignons rien de ses armes
Ni de ses aveugles fureurs.
Troupe heureuse, troupe ingénue,
Ses traits sont ici sans poisons,
Il n'est plus privés de la vue,
Il a les yeux de la raison.

CHANSON

Sur l'air : *La vertu douce & tranquille fait le faste & la grandeur.*

Nous goûtons dans cette Loge,
  Des plaisirs purs & parfaits.
Nos cœurs en font satisfaits,
Nos Maçonnes en font l'éloge.
Jouissons donc, jouissons,
Du sort heureux des Maçons.

* * *

  Il manquoit à nos usages
Le beau sexe réuni,
Nous avons bien réussi,
Il embellit nos ouvrages ;
Jouissons, &c.

* * *

  Etoile qui nous éclaire,
Vient au gré de nos desirs,
Conduit tous nos plaisirs,
Par ta divine lumière.
Jouissons, &c.

CHANSON fur l'air : *Vive, vive à jamais.*

ALLONS, mes Sœurs, ici à l'ouvrage
Du produit de nos leçons,
Donnés aux Frères Maçons,
De l'ardeur & du courage.
Ici le travail du cœur,
Eft pour nous un vrai bonheur.

Prenons en main la truelle,
La vertu verra chez nous,
Que nous dreffons avec vous
Un trône pour cette belle ;
Ici le travail du cœur,
Eft pour nous un vrai bonheur.

Loin des prophanes vulgaires,
Célébrons avec ardeur,
Les louanges de nos Sœurs ;
Chantons, répétons, més Frères,
Ici le travail du cœur,
Eft pour nous un vrai bonheur.

CHANSON

Sur l'air : *Vive, vive, vive à jamais.*

Tout à mes yeux se renouvelle,
  Mes Sœurs, quand je suis avec vous ;
De nos vertus, mon cœur jaloux,
Vous prendra toujours pour modele.
Regne, regne, regne à jamais,
Un ordre pour nous plein d'attraits.

La sagesse & la modestie,
La simplicité, la candeur,
Soutiennent le temple enchanteur
De l'auguste Maçonnerie,
Regne, &c.

L'amitié, parmi le vulgaire,
N'est qu'une ombre, un déguisement !
Entre nous c'est un sentiment ;
Durable autant qu'il est sincere.
Regne, &c.

❧ ❧ ❧

Si l'amour nous trouve des charmes,
Son feu ne nous eſt point ſuſpect,
Toujours guidé par le reſpect,
Il ne nous cauſe point d'allarme.
Regne, &c.

❧ ❧ ❧

Honneur à notre aimable Maître,
De ſes leçons l'amenité,
Et de ſes mœurs la pureté,
Le rende bien digne de l'être.
Il nous fait un ſort plein d'attraits ;
Qu'il vive, qu'il vive à jamais.

CHANSON

Sur l'air : *Les Maçons ont de tous les tems.*

Tout à nos yeux ſe renouvelle,
On reconnoît dans ces lieux :
Que la vertu nous rend heureux ;
Et qu'on ne peut vivre ſans elle.

[63]

Que cet Ordre a des attraits,
Qu'il regne, qu'il regne à jamais.

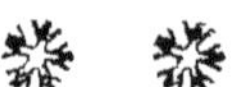

De l'aimable Maçonnerie,
Chères Sœurs traçons le tableau ;
Et que jamais notre pinceau,
Marque la moindre flatterie.
Que cet Ordre, &c.

Que l'étoile qui nous éclaire ;
Eloigne & chasse de nos cœurs,
Du faux préjugé, les erreurs,
Où nous entraina le vulgaire.
Que cet ordre, &c.

De la fermeté, du courage,
Dessous cette voûte ferrée,
Soyez toutes bien assurées.
Qu'elle garantira l'ouvrage.
Que cet Ordre, &c.

✻ ✻

Prenons tous en main la truelle,
Travaillons à former des cœurs,
Que rien n'arrête nos ardeurs
Nous favons bien monter l'échelle.
Que cet Ordre a des attraits,
Qu'il règne, qu'il règne à jamais.

F I N.

A V I S   A   L'O R A T E U R.

LE difcours d'Apprentiffe doit être pro-
noncé après la réception de ce Grade.

CE Livre fe trouve à la Haye, chez
P. GOSSE & PINET; & à Genève, chez
I. BARDIN.